ASSIETTES ITALIENNES

Giovanna Torrico

Photographies de Deirdre Rooney

MARABOUT

COUTEAU

CASSEROLE

LES USTENSILES UTILISÉS
DANS CE LIVRE

POÊLE

PASSOIRE

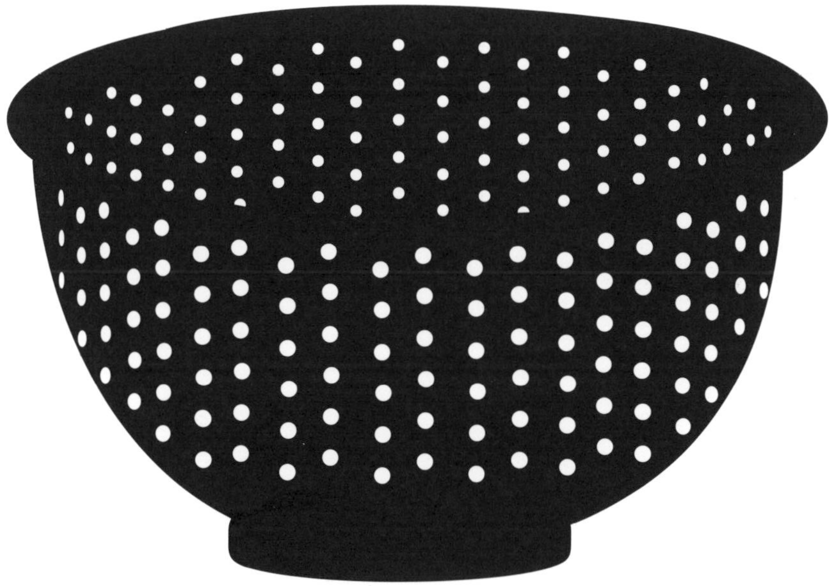

CUILLÈRE EN BOIS

PLANCHE

SOMMAIRE

LA CUISINE ITALIENNE

La cuisine italienne authentique repose avant tout sur la simplicité des recettes, des techniques, et la qualité des ingrédients. Car les Italiens attachent plus d'importance à la saveur des plats qu'à leur complexité. Avec ses vingt régions, le pays ne possède pas qu'une seule et unique gastronomie, mais plutôt une multitude de cuisines régionales. Les produits employés sont très variés : fruits, légumes, poissons, viandes et, bien sûr, pâtes aux nombreuses formes et tailles adaptées à la préparation choisie. Les spécialités de chaque région sont influencées par les pays voisins ou encore la proximité de la mer et/ou de la montagne.

Ce livre s'adresse à tous ceux qui veulent découvrir la cuisine italienne à travers les recettes classiques transmises de génération en génération, mais aussi celles auxquelles j'ai apporté ma touche personnelle. Vous pouvez préparer un déjeuner ou un dîner rapide en réalisant une seule recette, ou choisir de faire un repas plus traditionnel composé de trois ou quatre plats. Dans la mesure du possible, essayez d'utiliser des produits frais et de qualité, car le résultat final en dépend. En outre, si vous cuisinez des produits de saison, il ne sera pas nécessaire d'ajouter des matières grasses, du sel ou du sucre pour rendre le plat plus savoureux.

LES SECRETS D'UN RISOTTO RÉUSSI

Pour préparer un véritable risotto italien, il faut utiliser du riz carnaroli ou arborio. Différents des autres variétés de riz, ils ont une teneur élevée en amidon et une texture plus ferme. Ils possèdent également une bonne tenue à la cuisson, essentielle à la réussite du risotto.

1.

FAITES SUER L'OIGNON
Faites chauffer 20 g de beurre doux dans une casserole à fond épais. Faites-y fondre 1 oignon finement haché jusqu'à ce qu'il soit translucide. Cette étape permet de libérer les parfums de l'oignon et de rendre le risotto plus savoureux.

2.

NACREZ LE RIZ
Ajoutez 180 g de riz et remuez énergiquement pour que le beurre enrobe bien les grains. Faites-les griller 2 minutes. Cette étape est importante car elle protège les grains de riz et les empêche de trop cuire. Si vous l'omettez, vous obtiendrez du riz bouilli.

3.

AJOUTEZ LE VIN BLANC SEC
Versez 60 ml de vin et remuez jusqu'à ce qu'il soit complètement absorbé. Le vin permet de rehausser les saveurs du risotto. Dans certaines recettes, il est possible d'utiliser du vin rouge.

4.

INCORPOREZ LE BOUILLON
Ajoutez une louche de bouillon chaud et remuez jusqu'à ce qu'il soit absorbé. Recommencez en veillant à ce qu'il n'y ait plus de liquide au moment du nouvel ajout. Remuez constamment pour éviter que le riz accroche. Vous pouvez utiliser du bouillon de bœuf, de volaille ou de légumes, en fonction de la recette. Le bouillon doit être chaud pour ne pas ralentir la cuisson.

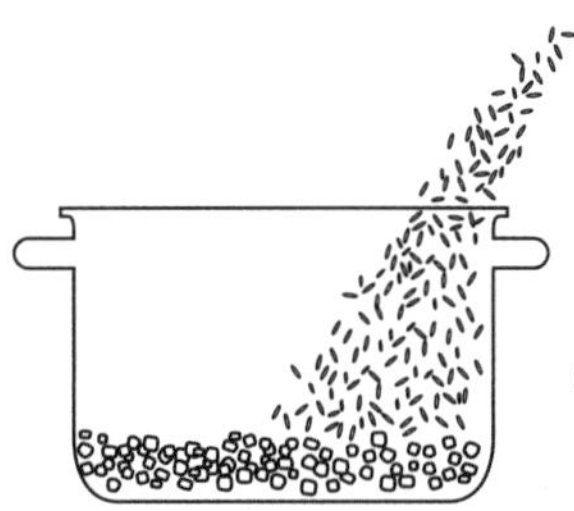

5.

REMUEZ
Poursuivez la cuisson en ajoutant du bouillon chaud et en remuant jusqu'à ce que le liquide soit absorbé. Le riz va prendre une texture crémeuse au fur et à mesure qu'il libère son amidon.

6.

FAITES CUIRE 20 À 25 MINUTES
Le risotto est cuit lorsque les grains sont tendres mais légèrement croquants au centre. Si le riz n'a pas fini de cuire et qu'il ne reste plus de bouillon, ajoutez de l'eau chaude pour terminer la cuisson.

7.

AJOUTEZ LE BEURRE ET LE PARMESAN
Coupez le feu et incorporez 20 g de beurre doux et un peu de parmesan pour lier le risotto (étape appelée *mantecatura*). Rectifiez l'assaisonnement. Vous pouvez éventuellement ajouter 1 cuillerée à soupe de persil haché.

8.

SERVEZ AUSSITÔT
Le risotto peut se transformer en masse collante et gluante s'il n'est pas servi rapidement. Il est donc préférable de le servir aussitôt après avoir réalisé la *mantecatura*.

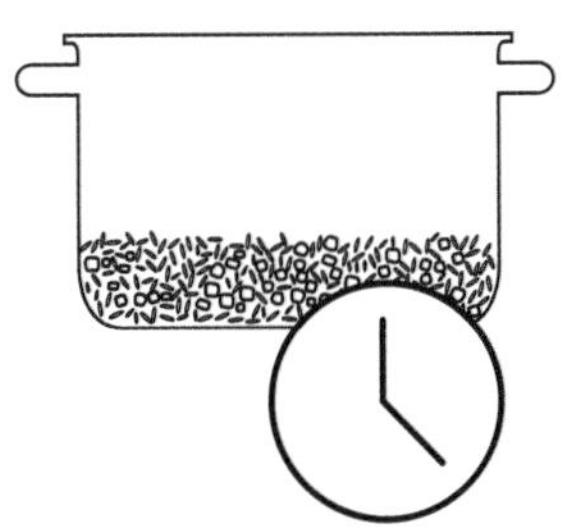

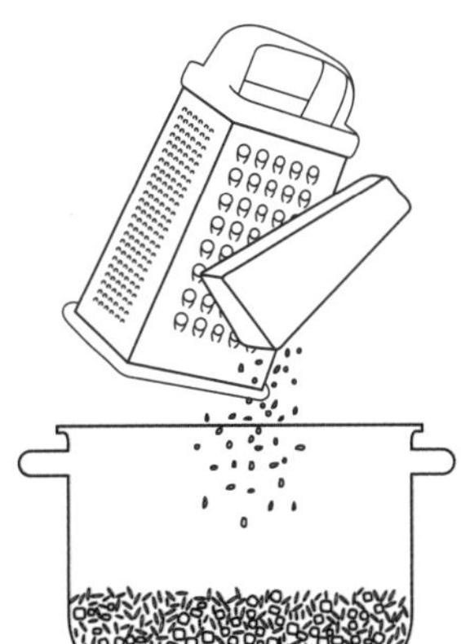

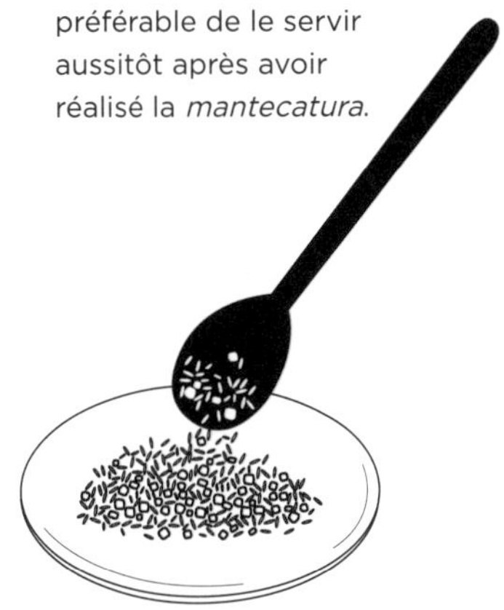

TECHNIQUES

Certaines techniques culinaires sont très importantes dans la cuisine italienne, comme la cuisson des pâtes et des légumes secs. Le soffritto est également incontournable pour réaliser de nombreux plats mijotés, soupes et sauces.

CUISSON DES PÂTES ET DES LÉGUMES SECS

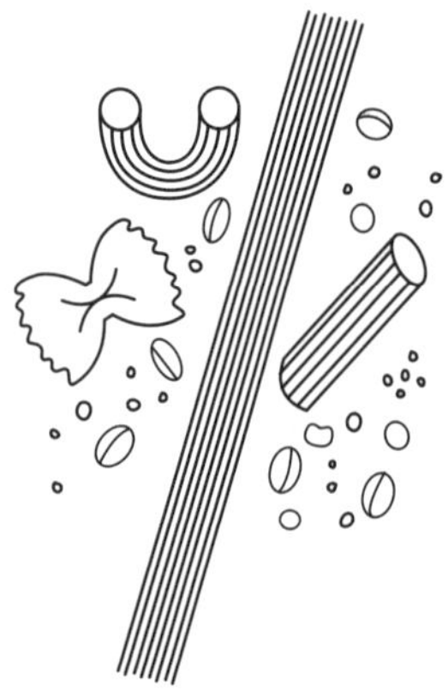

Les pâtes Remplissez une casserole d'eau en respectant le ratio suivant : 1 litre d'eau pour 100 g de pâtes. Ajoutez 12 g de sel par litre. Portez à ébullition à couvert. Versez les pâtes et faites-les cuire en remuant de temps en temps. Les Italiens les aiment al dente. Le temps de cuisson est indiqué sur l'emballage, mais je préfère les laisser 2 minutes de moins et finir de les cuire dans la sauce en ajoutant 2 cuillerées à soupe d'eau de cuisson.

Les légumes secs Avant tout, faites tremper les légumes secs une nuit. Le lendemain, égouttez-les et rincez-les à l'eau froide. Mettez-les dans une casserole, recouvrez-les d'eau et faites-les cuire selon les instructions figurant sur l'emballage. Lorsqu'ils sont tendres, égouttez-les et utilisez-les comme indiqué dans la recette.

PRÉPARER UN *SOFFRITTO*

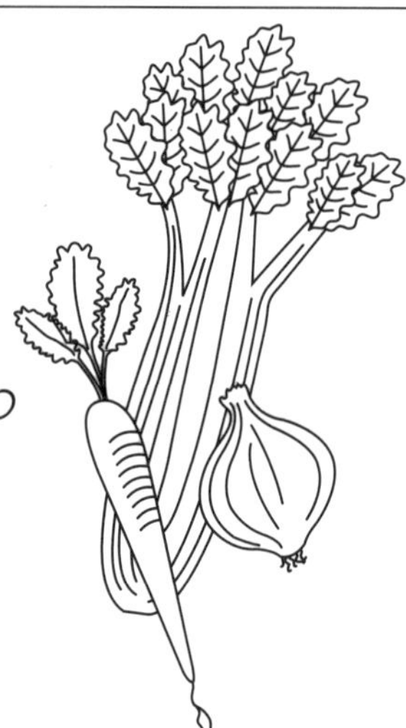

Le *soffritto*, base de la plupart des succulents plats italiens, figure parmi les rares techniques à maîtriser dans la cuisine du pays.

Le principe est de faire suer des légumes et des herbes dans du beurre ou de l'huile jusqu'à ce qu'ils soient tendres, afin que les ingrédients ajoutés s'imprègnent ensuite des saveurs. Le *soffritto* donne au plat un goût caractéristique et peut le sublimer.

Il existe plusieurs sortes de *soffritto*. De l'ail écrasé fondu dans de l'huile constitue le *soffritto* de base. Le *soffritto* classique se compose d'oignon, de carotte et de céleri finement hachés que l'on fait suer dans du beurre ou de l'huile. La chose la plus importante à retenir est qu'il ne faut jamais faire dorer ou brûler un *soffritto*.

MATÉRIEL UTILE

Vous n'avez pas besoin d'équipement spécifique pour réaliser des plats italiens, mais voici quelques ustensiles qui pourront toutefois être utiles.

RÂPE

Il existe différents types de râpes avec des trous plus ou moins gros. On l'utilise le plus souvent pour râper le fromage et le zeste des agrumes.

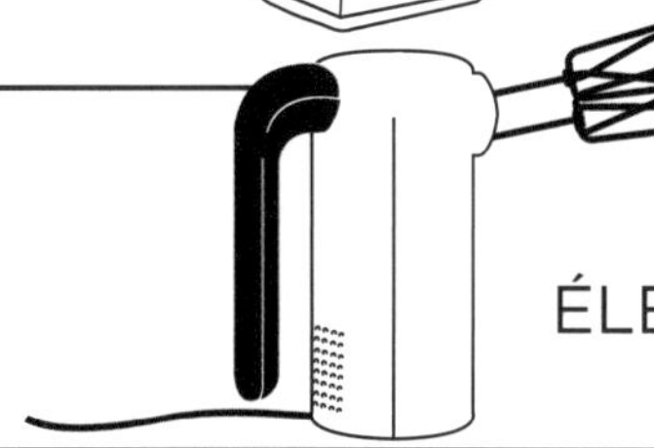

BATTEUR ÉLECTRIQUE

Cet appareil électrique muni de fouets en métal pour mélanger, battre, pétrir et fouetter est normalement assez léger à soulever et possède une poignée confortable qui permet de bien le tenir.

MANDOLINE

Cet ustensile fantastique permet de trancher les ingrédients fermes et de les découper en julienne de manière régulière. Cela favorisera ensuite une cuisson uniforme.

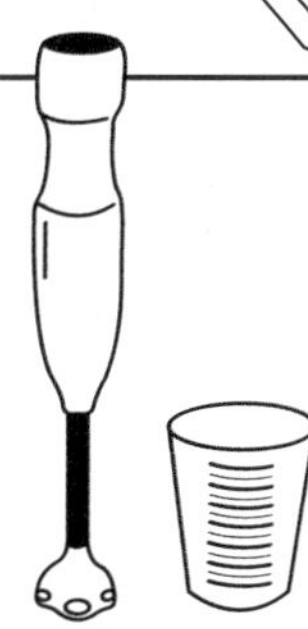

MIXEUR PLONGEANT

C'est un outil indispensable dans la cuisine : facile à stocker, il peut faire beaucoup plus que mixer du potage. Rapide et polyvalent, un mixeur plongeant sera toutefois plus efficace avec des aliments plutôt liquides, comme des soupes, des sauces ou des crèmes.

PÂTES & CÉRÉALES

Les pâtes et les céréales sont très variées en Italie. Voici celles qu'il est conseillé d'avoir dans vos placards afin de pouvoir préparer rapidement un plat italien.

RIZ CARNAROLI
SCIALATIELLI
CORTECCE
TROFIE
ORECCHIETTE
FARFALLE
PENNE
FREGOLA
RIGATONI

PESTO

Pour 180 g

50 g de basilic
1 gousse d'ail
60 ml d'huile d'olive
15 g de pignons de pin
50 g de parmesan râpé

recette

Mettez tous les ingrédients dans un robot et mixez quelques secondes, en plusieurs impulsions, jusqu'à ce que la préparation soit lisse et homogène.

SALMORIGLIO

Pour 160 ml

100 ml d'huile d'olive
le jus de 1 citron
1 cuillerée à soupe de persil haché
½ cuillerée à soupe d'origan
1 gousse d'ail finement hachée
sel et poivre

recette

Mettez l'huile dans un récipient résistant à la chaleur et placez-le au bain-marie. Incorporez peu à peu le jus de citron et 1 cuillerée à soupe d'eau chaude en fouettant. Ajoutez le persil, l'origan et l'ail. Faites cuire 5 minutes en fouettant régulièrement. Salez et poivrez.

GREMOLATA

Pour 30 g

1 petite poignée de persil
le zeste râpé de 1 citron
1 gousse d'ail finement hachée

recette

Hachez grossièrement le persil sur une planche. Ajoutez le citron et l'ail, puis hachez le tout finement. Mélangez et placez dans un bol.

VINAIGRETTE AU VINAIGRE BALSAMIQUE

Pour 115 ml

50 ml de vinaigre balsamique
3 cuillerées à soupe de jus de citron
15 ml d'huile d'olive
sel et poivre

recette

Mettez le vinaigre balsamique dans un bol avec le sel, le poivre et le jus de citron. Fouettez jusqu'à ce que le sel soit dissous, puis incorporez l'huile en fouettant.

SALADES

Déclinables à l'infini, les salades sont parfaites pour préparer un repas sain et léger. Les différentes spécialités régionales à base de légumes, de fruits de mer, de viande et de légumes secs permettent de réaliser des plats simples et copieux.

FREGOLA AUX POIS CHICHES & MOULES

Préparation : 10 minutes
Cuisson : 30 minutes

pour 2 personnes

100 g de pâtes fregola
1 gousse d'ail grossièrement hachée
1 petit piment rouge finement haché
400 g de moules lavées
80 ml de vin blanc sec
1 cuillerée à soupe (5 g) de safran en filaments
200 g de pois chiches cuits
2 cuillerées à soupe d'huile d'olive
quelques brins de persil plat hachés
sel et poivre

recette

Faites cuire les fregola selon les instructions figurant sur l'emballage. Faites suer l'ail et le piment 5 minutes dans l'huile. Ajoutez les moules, le vin blanc et laissez le jus s'évaporer pendant 30 secondes. Couvrez et faites cuire 5 minutes à feu vif. Retirez les moules, filtrez le jus dans une autre casserole et ajoutez le safran. Décortiquez les moules – jetez celles qui sont restées fermées. Versez les fregola, les pois chiches et les moules dans la casserole contenant le jus au safran. Poursuivez la cuisson 5 minutes. Salez, poivrez et parsemez de persil.

POULPE, POMMES DE TERRE & CÉLERI

Préparation : 10 minutes + Repos : 1 heure

pour 2 personnes

400 g de poulpe cuit
2 branches de céleri avec leurs feuilles
2 pommes de terre cuites, coupées en gros morceaux
10 olives noires dénoyautées et coupées en deux
2 cuillerées à soupe d'huile d'olive
20 ml de jus de citron
quelques brins de persil plat finement hachés
sel et poivre

recette

Retirez les grosses ventouses du poulpe avant de le couper en morceaux. Taillez les branches de céleri en morceaux de la même taille que le poulpe et émincez finement les feuilles. Mettez le poulpe, les pommes de terre, le céleri et les olives dans un saladier avec l'huile et le jus de citron. Salez et poivrez. Remuez, parsemez de persil et laissez reposer 1 heure avant de servir.

PANZANELLA AUX NOIX DE SAINT-JACQUES

Préparation : 10 minutes + Repos : 30 minutes
Cuisson : 6 minutes

pour 2 personnes

8 noix de Saint-Jacques
2 tranches de pain au levain coupées en gros dés
3 cuillerées à soupe d'huile d'olive
150 g de concombre pelé et coupé en gros dés
150 g de tomates mûres coupées en gros morceaux
1 oignon rouge coupé en fines tranches
1 cuillerée à soupe de vinaigre de vin blanc
sel et poivre

recette

Faites griller le pain dans 1 cuillerée à soupe d'huile sur feu moyen à vif. Réservez. Mélangez le concombre, les tomates, le pain et l'oignon dans un saladier. Arrosez avec le reste d'huile et le vinaigre. Laissez reposer 30 minutes. Salez et poivrez. Faites cuire les noix de Saint-Jacques 2 minutes de chaque côté. Salez-les, poivrez-les et disposez-les sur la salade.

CREVETTES & LÉGUMINEUSES

Préparation : 10 minutes

pour 2 personnes

125 g de haricots borlotti cuits (50 g secs)
125 g de pois chiches cuits (50 g secs)
80 g de lentilles cuites (50 g sèches)
300 g de crevettes cuites décortiquées
200 g de tomates mélangées coupées en deux
2 cuillerées à soupe d'huile d'olive
sel et poivre

recette

Si les légumineuses utilisées ne sont pas encore cuites, faites-les cuire séparément selon les instructions figurant sur l'emballage. Une fois froides, mettez-les dans un saladier. Ajoutez les tomates et les crevettes. Arrosez d'huile. Salez, poivrez et remuez délicatement.

TAGLIATA DE THON & SALADE DE MÂCHE

Préparation : 10 minutes + Marinade : 30 minutes
Cuisson : 4 minutes

pour 2 personnes

300 g de steak de thon cru
2 portions de sauce salmoriglio
(page 14)
200 g de tomates cerise coupées en quatre
50 g de mâche
5 feuilles de basilic finement hachées
2 cuillerées à soupe d'huile d'olive
sel et poivre

recette

Faites mariner le thon 30 minutes dans la moitié de la sauce salmoriglio. Mélangez les tomates et le basilic dans un saladier. Arrosez avec 1 cuillerée à soupe d'huile. Salez et poivrez. Mettez la mâche dans un autre récipient et placez les tomates assaisonnées par-dessus. Faites cuire le thon dans l'huile restante pendant 2 minutes sur chaque face. Coupez-le en tranches, disposez-les sur la salade et arrosez avec le reste de sauce salmoriglio.

FARRO, ORGE & FRUITS DE MER

Préparation : 10 minutes
Cuisson : 10 minutes

pour 2 personnes

400 g de fruits de mer variés
(calamars, seiches, moules)
1 gousse d'ail légèrement écrasée
2 cuillerées à soupe d'huile d'olive
125 g de farro (ou d'épeautre) cuit
100 g d'orge cuit
200 g de tomates cerise coupées en deux
quelques brins de persil plat hachés
le zeste râpé de 1 citron
sel et poivre

recette

Faites cuire l'ail et les moules dans 1 cuillerée à soupe d'huile pendant 5 minutes, jusqu'à ce que les moules soient ouvertes. Ajoutez le calamar et la seiche coupés en lamelles ; poursuivez la cuisson quelques minutes. Mettez les céréales dans un saladier, incorporez les fruits de mer et les tomates. Salez et poivrez. Arrosez avec l'huile restante et mélangez. Parsemez de persil et de zeste de citron.

MESCLUN AU POULET

Préparation : 10 minutes
Cuisson : 10 minutes

pour 2 personnes

4 œufs de caille
2 blancs de poulet moyens sans la peau coupés en gros morceaux
2 branches de romarin
2 branches de thym
4 cuillerées à soupe d'huile d'olive
1 carotte coupée en demi-rondelles
100 g de croûtons
100 g de mesclun
sel et poivre

recette

Faites cuire les œufs dans de l'eau bouillante pendant 2 à 3 minutes, puis coupez-les en deux. Faites cuire le poulet et les herbes 8 minutes dans 2 cuillerées à soupe d'huile. Réservez. Mélangez tous les ingrédients, hormis les œufs, dans un saladier. Arrosez avec l'huile restante. Salez et poivrez. Disposez les œufs sur le dessus et servez.

POULET & ARTICHAUTS

Préparation : 10 minutes + Marinade : 30 minutes
Cuisson : 25 minutes

pour 2 personnes

2 blancs de poulet moyens sans la peau
65 ml de vin blanc sec
2 cuillerées à café de miel
3 cuillerées à soupe d'huile d'olive
80 g de mesclun
4 cœurs d'artichaut à l'huile égouttés
1 radis coupé en fines lamelles
10 noix coupées en deux
sel et poivre

recette

Mélangez le poulet, le vin, le miel et 2 cuillerées à soupe d'huile. Salez, poivrez et laissez mariner 30 minutes. Préchauffez le four à 140 °C. Posez le poulet sur une plaque et enfournez-le pour 25 minutes. Mettez le mesclun dans un saladier, disposez le poulet, les artichauts, le radis et les noix sur le dessus. Arrosez avec l'huile restante, puis salez et poivrez.

MESCLUN & CARPACCIO DE BŒUF

Préparation : 10 minutes + Repos : 5 minutes
Cuisson : 2 minutes

pour 2 personnes

150 g de filet de bœuf
2 cuillerées à soupe d'huile d'olive
150 g de mesclun
1 branche de céleri avec les feuilles, coupée en fines tranches
1 cuillerée à café de jus de citron
1 portion de vinaigrette au vinaigre balsamique (page 15)
sel et poivre

recette

Saisissez le bœuf 1 minute sur chaque face dans 1 cuillerée à soupe d'huile. Retirez-le et laissez-le reposer 5 minutes, puis coupez-le en tranches. Mettez le mesclun et le céleri dans un saladier. Versez l'huile restante et le jus de citron. Salez et poivrez. Disposez le carpaccio sur le dessus et arrosez de vinaigrette.

CAPONATA SICILIENNE

Préparation : 10 minutes
Cuisson : 20 minutes

pour 2 personnes

1 aubergine ronde coupée en morceaux de 2 cm
160 ml d'huile d'olive
1 oignon coupé en fines tranches
25 g de câpres au sel, rincées 5 minutes dans l'eau et égouttées
60 g d'olives vertes dénoyautées
1 tomate mûre coupée en petits morceaux
1 branche de céleri émincée
1 cuillerée à café de sucre
1 ½ cuillerée à soupe de vinaigre de vin blanc
sel et poivre

recette

Faites cuire l'aubergine 10 minutes dans 130 ml d'huile. Réservez. Faites suer l'oignon dans le reste d'huile jusqu'à ce qu'il soit tendre. Ajoutez les câpres, les olives, et poursuivez la cuisson 5 minutes. Incorporez les tomates et le céleri. Faites cuire quelques minutes, puis ajoutez le sucre, le vinaigre et l'aubergine. Mélangez. Après quelques minutes de cuisson supplémentaires, salez et poivrez.

SALADE DE RIZ

Préparation : 15 minutes
Cuisson : 20 minutes

pour 2 personnes

130 g de riz arborio
100 g de petits pois surgelés
300 g de mozzarella coupée en morceaux
150 g de thon à l'huile d'olive en boîte, égoutté et émietté
100 g de poivron rouge coupé en morceaux
100 g de tomates coupées en petits morceaux
30 g d'olives noires et vertes dénoyautées
3 cuillerées à soupe d'huile d'olive
le jus de 1 citron
sel et poivre

recette

Faites cuire le riz et les petits pois séparément, selon les instructions figurant sur l'emballage. Rincez le riz à l'eau froide, égouttez-le et mettez-le dans un saladier avec la mozzarella, le thon, le poivron, les tomates, les petits pois et les olives. Arrosez d'huile et de jus de citron. Salez et poivrez.

FARRO, LÉGUMES & POIS CHICHES

Préparation : 15 minutes

pour 2 personnes

160 g de lentilles cuites (100 g sèches)
150 g de farro (ou d'épeautre) cuit
2 cuillerées à soupe d'huile d'olive
1 courgette coupée en tranches et grillée
1 aubergine coupée en tranches et grillée
1 poivron rouge coupé en tranches et grillé
sel et poivre

recette

Si vous utilisez des lentilles sèches, faites-les cuire selon les instructions figurant sur l'emballage. Mettez-les dans un saladier avec le farro. Remuez et incorporez la moitié de l'huile d'olive. Ajoutez les légumes grillés et versez l'huile restante. Salez et poivrez.

SALADE CAPRESE

Préparation : 10 minutes

pour 2 personnes

300 g de petites boules de mozzarella
300 g de tomates cerise mélangées, coupées en deux
les feuilles de 1 bouquet de basilic
4 cuillerées à soupe d'huile d'olive
sel et poivre

recette

Mélangez délicatement les boules de mozzarella, les tomates, les feuilles de basilic et l'huile d'olive dans un saladier. Salez et poivrez.

TOMATES CERISE & LÉGUMINEUSES

Préparation : 10 minutes

pour 2 personnes

125 g de haricots mélangés cuits (50 g secs)
125 g de pois chiches cuits (50 g secs)
125 g de lentilles cuites (80 g sèches)
150 g de tomates cerise coupées en deux
80 g de quinoa cuit
15 feuilles de basilic hachées
3 cuillerées à soupe d'huile d'olive
sel et poivre

recette

Si vous utilisez des légumineuses sèches, faites-les cuire séparément selon les instructions figurant sur l'emballage, puis égouttez-les. Mettez-les dans un saladier, ajoutez les tomates, le quinoa et le basilic. Arrosez d'huile, salez et poivrez.

PÂTES

Les pâtes sont indissociables de la cuisine italienne.
Dans ces pages, vous trouverez des recettes traditionnelles
à base d'ingrédients variés, afin de réaliser des plats équilibrés.
Savoureuses et faciles à préparer, vous les servirez en plat unique
ou en plat principal, en famille ou entre amis.

SPAGHETTI À L'AIL, HUILE & PIMENT

Préparation : 5 minutes
Cuisson : 15 minutes

pour 2 personnes

180 g de spaghetti
2 gousses d'ail pelées
1 piment rouge finement émincé
quelques brins de persil plat finement hachés
3 cuillerées à soupe d'huile d'olive
sel et poivre

recette

Faites cuire les pâtes al dente dans de l'eau bouillante salée. Faites revenir l'ail et le piment 5 minutes dans l'huile. Retirez l'ail. Égouttez les pâtes, en réservant 2 cuillerées à soupe d'eau de cuisson. Mettez-les dans la poêle avec l'eau de cuisson réservée et remuez pour bien les enrober d'huile. Salez, poivrez et parsemez de persil.

SPAGHETTI AUX TOMATES & AU BASILIC

Préparation : 5 minutes
Cuisson : 15 minutes

pour 2 personnes

180 g de spaghetti
1 gousse d'ail légèrement écrasée
400 g de tomates cerise mûres coupées en morceaux
quelques feuilles de basilic
2 cuillerées à soupe d'huile d'olive
sel et poivre

recette

Faites revenir l'ail 2 minutes dans l'huile. Ajoutez les tomates et laissez cuire 15 minutes à feu doux, en remuant de temps en temps. Salez et poivrez. Retirez l'ail. Pendant ce temps, faites cuire les pâtes al dente dans de l'eau bouillante salée. Égouttez-les et mélangez-les avec les tomates, en remuant pendant 1 minute. Parsemez de basilic.

LINGUINE ALLA PUTTANESCA

Préparation : 5 minutes
Cuisson : 15 minutes

pour 2 personnes

180 g de linguine
1 gousse d'ail pelée
1 petit piment rouge finement émincé
250 g de tomates pelées en boîte, hachées
1 cuillerée à soupe de câpres rincées et égouttées
50 g d'olives noires
quelques brins de persil plat grossièrement hachés
2 cuillerées à soupe d'huile d'olive
sel et poivre

recette

Faites cuire les pâtes al dente dans de l'eau bouillante salée. Pendant ce temps, faites revenir l'ail et le piment 2 minutes dans l'huile. Ajoutez les tomates, les câpres, les olives et laissez cuire 10 minutes. Retirez l'ail. Salez et poivrez. Égouttez les pâtes et mélangez-les avec la sauce, en remuant pendant 1 minute. Parsemez de persil.

BUCATINI ALL'AMATRICIANA

Préparation : 5 minutes
Cuisson : 15 minutes

pour 2 personnes

180 g de bucatini
80 g de lard coupé en lardons
2 cuillerées à soupe de vin blanc
1 petit piment rouge finement émincé
250 g de tomates pelées en boîte, hachées
100 g de pecorino râpé
2 cuillerées à soupe d'huile d'olive
sel et poivre

recette

Faites cuire les lardons et le piment 5 minutes dans l'huile, à feu moyen. Ajoutez le vin blanc et laissez évaporer 30 secondes. Réservez. Faites cuire les tomates dans la même casserole pendant 10 minutes. Salez et poivrez. Pendant ce temps, faites cuire les pâtes al dente dans de l'eau bouillante salée. Égouttez-les et mélangez-les avec la sauce, en remuant pendant 1 minute. Recouvrez de lardons et de pecorino.

SCIALATIELLI AU FROMAGE & AU POIVRE

Préparation : 5 minutes
Cuisson : 15 minutes

pour 2 personnes

180 g de scialatielli ou tagliolini
180 g de pecorino râpé + un peu pour saupoudrer
1 cuillerée à café de poivre noir grossièrement moulu

recette

Faites cuire les pâtes al dente dans de l'eau bouillante salée. Retirez-les de la casserole avec des pinces et placez-les dans un saladier. Parsemez de pecorino et de poivre, puis mélangez en ajoutant éventuellement 1 cuillerée à soupe d'eau de cuisson pour lier. Si vous le souhaitez, rajoutez du pecorino et du poivre.

SPAGHETTI ALLA CARBONARA

Préparation : 5 minutes
Cuisson : 10 minutes

pour 2 personnes

180 g de spaghetti
70 g de lard coupé en lardons
1 œuf + 2 jaunes d'œufs
50 g de parmesan râpé + un peu pour saupoudrer
1 cuillerée à soupe d'huile d'olive
poivre

recette

Faites cuire les pâtes al dente dans de l'eau bouillante salée. Pendant ce temps, faites griller les lardons 5 minutes dans l'huile. Réservez. Fouettez les œufs dans un saladier et incorporez le parmesan. Égouttez les pâtes, mettez-les dans le saladier et mélangez bien. Si vous le souhaitez, rajoutez du fromage et du poivre. Disposez les lardons sur le dessus.

FARFALLE AUX LÉGUMES

Préparation : 10 minutes
Cuisson : 10 minutes

pour 2 personnes

180 g de farfalle
2 courgettes jaunes coupées en dés
1 petite aubergine coupée en dés
1 portion de pesto (page 14)
150 g de tomates cerise mélangées, coupées en quatre
2 cuillerées à soupe d'huile d'olive
sel et poivre

recette

Faites cuire les pâtes al dente dans de l'eau bouillante salée. Pendant ce temps, faites revenir les courgettes et l'aubergine 5 minutes dans l'huile. Ajoutez 1 louche d'eau bouillante et poursuivez la cuisson 5 minutes, jusqu'à ce que les légumes soient cuits mais encore croquants. Réservez. Égouttez les pâtes et mélangez-les avec le pesto, les légumes et les tomates. Salez et poivrez.

PENNE ALLA SICILIANA

Préparation : 5 minutes
Cuisson : 10 minutes

pour 2 personnes

180 g de penne
100 g de thon à l'huile d'olive en boîte, égoutté et émietté
60 g d'olives noires dénoyautées et coupées en lamelles
60 g de tomates séchées à l'huile, coupées en lamelles
1 trait de vinaigre de vin blanc
sel et poivre

recette

Faites cuire les pâtes al dente dans de l'eau bouillante salée. Pendant ce temps, mettez le thon, les olives et les tomates dans un saladier. Arrosez de vinaigre. Égouttez les pâtes, placez-les dans le saladier et remuez pour mélanger. Salez et poivrez.

CORTECCE AU THON

Préparation : 5 minutes
Cuisson : 15 minutes

pour 2 personnes

180 g de cortecce ou d'orecchiette
1 gousse d'ail légèrement écrasée
100 g de steak de thon cru coupé en dés
2 tomates moyennes épépinées et coupées en dés
120 g de roquette hachée
1 trait de vinaigre balsamique
2 cuillerées à soupe d'huile d'olive
sel et poivre

recette

Faites revenir l'ail 2 minutes dans l'huile, à feu moyen. Ajoutez le thon et poursuivez la cuisson 5 minutes. Salez et poivrez. Réservez. Mettez les tomates et la roquette dans un saladier. Assaisonnez-les avec du sel, du poivre et le vinaigre. Faites cuire les pâtes al dente dans de l'eau bouillante salée. Égouttez-les et placez-les dans le saladier contenant les tomates et la roquette. Ajoutez le thon et remuez délicatement.

ORECCHIETTE AU BROCOLI

Préparation : 5 minutes
Cuisson : 15 minutes

pour 2 personnes

180 g d'orecchiette
1 brocoli détaillé en fleurettes
1 gousse d'ail légèrement écrasée
1 piment rouge émincé
80 g de parmesan râpé
2 cuillerées à soupe d'huile d'olive
sel et poivre

recette

Faites cuire les pâtes al dente dans de l'eau bouillante salée. Ajoutez le brocoli à mi-cuisson. Égouttez en réservant 2 cuillerées à soupe d'eau de cuisson. Faites revenir l'ail et le piment 2 minutes dans l'huile. Retirez-les de la poêle et réservez. Mettez les pâtes et le brocoli dans la poêle. Remuez et ajoutez l'eau de cuisson réservée si nécessaire. Mélangez pendant 1 minute à feu moyen. Parsemez de parmesan râpé. Salez et poivrez.

PAPPARDELLE CARBONARA AUX ASPERGES

Préparation : 5 minutes
Cuisson : 10 minutes

pour 2 personnes

180 g de pappardelle aux œufs
½ oignon finement haché
200 g d'asperges vertes coupées en biseau
2 œufs
50 g de parmesan râpé
4 cuillerées à soupe d'huile d'olive
sel et poivre

recette

Faites chauffer l'huile dans une poêle. Faites-y revenir l'oignon pendant 5 minutes. Ajoutez les asperges et laissez-les cuire 5 à 6 minutes, jusqu'à ce qu'elles soient tendres. Salez et poivrez. Réservez dans la poêle. Dans un saladier, fouettez les œufs et le fromage. Réservez. Pendant ce temps, faites cuire les pâtes al dente dans de l'eau bouillante salée. Égouttez-les et mettez-les dans la poêle avec les asperges. Ajoutez les œufs et mélangez. Poivrez.

RIGATONI ALLA NORMA

Préparation : 5 minutes
Cuisson : 20 minutes

pour 2 personnes

180 g de rigatoni
250 g de petites aubergines coupées en tranches
1 gousse d'ail légèrement écrasée
400 g de tomates cerise en boîte hachées
100 g de ricotta sèche râpée (ou, à défaut, de fromage de brebis)
+ un peu pour servir
quelques feuilles de basilic pour garnir
120 ml d'huile d'olive
sel et poivre

recette

Faites revenir l'aubergine 5 minutes dans 110 ml d'huile, en remuant de temps en temps. Réservez. Dans une seconde poêle, faites revenir l'ail 3 minutes dans l'huile restante. Ajoutez les tomates et laissez cuire 10 minutes. Salez, poivrez et retirez l'ail. Faites cuire les pâtes al dente dans de l'eau bouillante salée. Égouttez-les. Dans un saladier, mélangez-les avec les tomates, l'aubergine et le fromage râpé. Disposez le basilic sur le dessus et parsemez de fromage.

TROFIE AU PESTO

Préparation : 5 minutes
Cuisson : 15 minutes

pour 2 personnes

180 g de trofie
50 g de feuilles de basilic
1 gousse d'ail
15 g de pignons de pin
60 ml d'huile d'olive
100 g de pommes de terre pelées et coupées en morceaux
100 g de haricots verts équeutés et coupés en deux
50 g de parmesan râpé + un peu pour garnir
sel et poivre

recette

Dans un robot, mixez le basilic, l'ail, les pignons de pin, le parmesan et l'huile. Réservez. Faites cuire les pommes de terre 2 minutes dans de l'eau bouillante salée. Ajoutez les pâtes et les haricots verts. Laissez cuire jusqu'à ce que les légumes soient tendres et les pâtes al dente. Égouttez-les. Mélangez-les avec le pesto. Salez, poivrez et parsemez de parmesan.

SOUPES

Copieuses, saines et délicieuses, de nombreuses soupes italiennes sont le reflet du terroir dont elles sont originaires. Qu'il s'agisse de la ribollita de Toscane ou de la soupe à l'orge et aux légumes du Haut-Adige, vous trouverez ici des recettes qui sauront répondre à chaque envie.

SOUPE AUX HARICOTS

Préparation : 10 minutes
Cuisson : 25 minutes

pour 2 personnes

500 g de haricots cuits mélangés (200 g secs)
1 poignée de feuilles de sauge finement hachées
2 branches de thym (seulement les brins)
100 g de lard coupé en lardons
½ oignon rouge émincé
1 branche de céleri coupée en lamelles
200 g de tomates mûres coupées en deux
2 cuillerées à soupe d'huile d'olive
sel et poivre

recette

Si vous utilisez des haricots secs, faites-les cuire selon les instructions figurant sur l'emballage. Faites revenir la moitié de la sauge et du thym, les lardons, l'oignon et le céleri 5 minutes dans l'huile. Ajoutez les tomates et 200 ml d'eau. Laissez mijoter 15 minutes. Mixez ⅓ des haricots et ajoutez-les dans la soupe, avec les haricots restants entiers. Poursuivez la cuisson 5 minutes. Salez et poivrez. Parsemez avec les herbes réservées.

MINESTRONE

Préparation : 10 minutes
Cuisson : 55 minutes

pour 2 personnes

180 g de haricots borlotti cuits (60 g secs)
1 oignon finement haché
100 g de carottes finement hachées
4 cuillerées à soupe de coulis de tomates
125 g de potiron coupé en dés de 1 cm
100 g de pommes de terre coupées en dés de 1 cm
1 petit chou-fleur détaillé en fleurettes
100 g de courgettes coupées en demi-rondelles
2 cuillerées à soupe d'huile d'olive
sel et poivre

recette

Si vous utilisez des haricots secs, faites-les cuire selon les instructions figurant sur l'emballage. Faites revenir l'oignon, les carottes et le coulis 7 à 8 minutes dans l'huile, en remuant de temps en temps. Ajoutez le potiron et 500 ml d'eau. Laissez cuire 10 minutes. Ajoutez les pommes de terre, le chou-fleur, et poursuivez la cuisson 15 minutes. Ajoutez enfin la courgette et les haricots, couvrez et laissez mijoter 20 minutes, à feu doux-moyen. Salez et poivrez.

MINESTRONE AU TOPINAMBOUR

Préparation : 10 minutes
Cuisson : 40 minutes

pour 2 personnes

250 g de pois chiches cuits (100 g secs)
½ oignon finement émincé
1 branche de céleri émincée en biais
2 carottes émincées en biais
200 g de topinambours pelés et coupés en dés
200 ml de bouillon de légumes
2 cuillerées à soupe d'huile d'olive
sel et poivre

recette

Si vous utilisez des pois chiches secs, faites-les cuire selon les instructions figurant sur l'emballage. Faites suer l'oignon, le céleri et les carottes 5 minutes dans l'huile. Ajoutez les topinambours, faites-les sauter 2 à 3 minutes. Versez le bouillon et poursuivez la cuisson 20 minutes. Ajoutez les pois chiches et laissez mijoter 10 minutes, en ajoutant de l'eau chaude si nécessaire. Salez et poivrez.

RIBOLLITA

Préparation : 10 minutes
Cuisson : 45 minutes

pour 2 personnes

125 g de haricots cannellini cuits (50 g secs)
1 carotte finement émincée
1 oignon finement émincé
150 g de chou cavolo nero, sans les côtes dures, grossièrement haché
50 g de chou frisé coupé en lamelles
100 g de blettes grossièrement hachées
2 tranches de pain au levain coupées en morceaux
2 cuillerées à soupe d'huile d'olive + un filet
sel et poivre

recette

Si vous utilisez des haricots secs, faites-les cuire selon les instructions figurant sur l'emballage. Faites revenir la carotte et l'oignon 7 à 8 minutes dans l'huile. Ajoutez les choux, les blettes et les haricots. Couvrez avec 200 ml d'eau et poursuivez la cuisson 15 minutes. Incorporez le pain et laissez mijoter 20 minutes. Salez, poivrez et arrosez d'un filet d'huile d'olive.

ORGE & LÉGUMES

Préparation : 10 minutes
Cuisson : 45 minutes

pour 2 personnes

100 g d'orge perlée sèche, lavée et égouttée
2 carottes (1 finement émincée, 1 tranchée en biais)
50 g de lard coupé en lardons
quelques feuilles de céleri
1 oignon rouge finement émincé
200 ml de bouillon de légumes
60 g de petits pois frais
4 asperges vertes coupées en biais
2 cuillerées à soupe d'huile d'olive + un filet
sel et poivre

recette

Faites revenir la carotte finement émincée, les lardons, les feuilles de céleri et l'oignon 5 minutes dans l'huile. Ajoutez l'orge et le bouillon. Laissez cuire 30 minutes. Ajoutez les petits pois, les asperges et les carottes coupées en biais, en versant 200 ml d'eau bouillante si nécessaire. Poursuivez la cuisson 10 minutes. Salez, poivrez et arrosez d'un filet d'huile d'olive.

ORGE, POTIRON & LARD

Préparation : 10 minutes
Cuisson : 45 minutes

pour 2 personnes

100 g d'orge perlée sèche, lavée et égouttée
30 g de lard coupé en fines tranches
1 carotte tranchée en biais
1 branche de céleri tranchée en biais
1 oignon rouge finement émincé
50 g de potiron coupé en cubes de 1 cm
600 ml de bouillon de légumes
3 cuillerées à soupe d'huile d'olive
sel et poivre

recette

Faites cuire l'orge selon les instructions figurant sur l'emballage. Faites griller le lard 5 minutes dans 1 cuillerée à soupe d'huile. Réservez. Dans la même casserole, faites suer la carotte, le céleri et l'oignon avec l'huile restante pendant 5 minutes. Ajoutez le potiron et poursuivez la cuisson 2 à 3 minutes. Versez le bouillon et laissez mijoter 20 minutes à feu moyen. Mixez la moitié du potiron et remettez-le dans la casserole. Ajoutez l'orge et faites cuire 10 minutes, en ajoutant 200 ml d'eau bouillante si nécessaire. Salez, poivrez et parsemez de lard.

SOUPE AUX LÉGUMINEUSES

Préparation : 10 minutes
Cuisson : 40 minutes

pour 2 personnes

80 g de lentilles cuites (50 g sèches)
125 g de haricots borlotti cuits (50 g secs)
100 g de pois chiches cuits (50 g secs)
1 carotte tranchée en biais
1 branche de céleri tranchée en biais
2 gousses d'ail légèrement écrasées
500 ml de bouillon de légumes
2 cuillerées à soupe d'huile d'olive + un filet
sel et poivre

recette

Si vous utilisez des légumineuses sèches, faites-les cuire séparément selon les instructions figurant sur l'emballage. Faites suer la carotte, le céleri et l'ail 5 minutes dans l'huile. Ajoutez le bouillon et portez à ébullition. Versez les lentilles et poursuivez la cuisson 25 minutes. Ajoutez les haricots, les pois chiches et laissez cuire 10 minutes supplémentaires. Mixez ⅓ du mélange en purée et remettez-le dans la casserole. Salez, poivrez et arrosez d'un filet d'huile d'olive.

ÉPINARDS & LENTILLES

Préparation : 10 minutes
Cuisson : 40 minutes

pour 2 personnes

250 g de lentilles blondes cuites (150 g sèches)
150 g de pousses d'épinards
1 carotte tranchée en biais
1 branche de céleri émincée
3 tomates de variétés différentes
1 gousse d'ail légèrement écrasée
le zeste de 1 citron
2 cuillerées à soupe d'huile d'olive
sel et poivre

recette

Faites revenir la carotte, le céleri, les tomates et l'ail 5 minutes dans l'huile. Versez les lentilles, 200 ml d'eau bouillante et poursuivez la cuisson 25 minutes. Ajoutez les épinards, salez, poivrez et laissez cuire 10 minutes supplémentaires. Parsemez de zeste de citron.

POIS CHICHES & MARRONS

Préparation : 10 minutes
Cuisson : 25 minutes

pour 2 personnes

200 g de pois chiches cuits
200 g de marrons cuits
1 gousse d'ail pelée
1 branche de romarin
2 branches de sauge
2 cuillerées à soupe de vin blanc
600 ml de bouillon de légumes chaud
2 cuillerées à soupe d'huile d'olive + un filet
sel et poivre

recette

Faites suer l'ail, le romarin et la sauge 5 minutes dans l'huile. Ajoutez les pois chiches, les marrons, le vin blanc et laissez évaporer 20 secondes. Recouvrez de bouillon et poursuivez la cuisson 10 minutes. Retirez l'ail. Mixez ⅓ du mélange en purée et remettez-le dans la casserole. Laissez cuire 10 minutes supplémentaires. Salez, poivrez et arrosez d'un filet d'huile d'olive.

SOUPE AUX CHAMPIGNONS

Préparation : 10 minutes
Cuisson : 15 minutes

pour 2 personnes

250 g de cèpes et de girolles hachés
1 gousse d'ail pelée
quelques brins de persil plat hachés + un peu pour garnir
25 ml de vin blanc sec
500 ml de bouillon de bœuf
2 cuillerées à soupe d'huile d'olive + un filet
sel et poivre

recette

Faites suer l'ail et le persil 5 minutes dans l'huile. Ajoutez les champignons et le vin blanc. Laissez évaporer 15 secondes. Versez le bouillon et poursuivez la cuisson 10 minutes. Retirez l'ail. Mixez le mélange en purée. Salez, poivrez, arrosez d'un filet d'huile d'olive et parsemez de persil.

GIROLLES & POIS CHICHES

Préparation : 10 minutes
Cuisson : 25 minutes

pour 2 personnes

250 g de pois chiches cuits (125 g secs)
2 gousses d'ail pelées
2 cuillerées à soupe de coulis de tomates
1 branche de romarin
180 g de girolles hachées
1 cuillerée à soupe de persil finement haché
4 cuillerées à soupe d'huile d'olive + un filet
sel et poivre

recette

Si vous utilisez des pois chiches secs, faites-les cuire selon les instructions figurant sur l'emballage. Faites revenir 1 gousse d'ail, le coulis et le romarin 5 minutes dans 2 cuillerées à soupe d'huile. Retirez l'ail, ajoutez les pois chiches et 150 ml d'eau bouillante. Laissez cuire 10 minutes à feu moyen. Dans une autre casserole, faites revenir l'ail restant 2 minutes dans 2 cuillerées à soupe d'huile. Ajoutez les champignons et poursuivez la cuisson 8 minutes. Retirez l'ail. Incorporez les pois chiches, versez 200 ml d'eau bouillante si nécessaire et mixez ⅔ de la préparation en purée. Salez, poivrez, arrosez d'un filet d'huile d'olive et parsemez de persil.

ÉPEAUTRE & FRUITS DE MER

Préparation : 10 minutes
Cuisson : 20 minutes

pour 2 personnes

120 g d'épeautre (ou de farro)
300 g de fruits de mer variés (seiches, moules et praires)
1 gousse d'ail pelée
1 cuillerée à soupe de persil finement haché + un peu pour garnir
30 ml de vin blanc sec
2 cuillerées à soupe d'huile d'olive
250 ml de fumet de poisson
sel et poivre

recette

Faites cuire l'épeautre ou le farro selon les instructions figurant sur l'emballage. Faites revenir l'ail et le persil 5 minutes dans l'huile. Ajoutez les seiches tranchées et laissez rissoler 5 minutes à feu moyen-vif. Ajoutez les praires, les moules et le vin. Couvrez et poursuivez la cuisson 5 minutes. Versez le fumet et le farro ou l'épeautre. Laissez cuire 5 minutes supplémentaires, en remuant de temps en temps. Jetez les moules ou les praires restées fermées. Salez, poivrez et garnissez de persil.

CALAMARS & BLETTES

Préparation : 10 minutes
Cuisson : 25 minutes

pour 2 personnes

500 g de calamars vidés et coupés en tranches
100 g de blettes, côtes finement hachées
et feuilles grossièrement hachées
2 gousses d'ail pelées
1 piment rouge finement émincé
30 ml de vin blanc sec
100 g de tomates cerise en boîte
2 cuillerées à soupe d'huile d'olive
sel et poivre

recette

Faites suer l'ail et le piment 5 minutes dans l'huile. Versez le vin, les calamars, et laissez cuire 5 minutes en remuant. Ajoutez les tomates et poursuivez la cuisson 5 minutes. Ajoutez les côtes et les feuilles des blettes, couvrez et faites cuire 20 minutes à feu doux-moyen. Salez et poivrez.

MOULES & PRAIRES

Préparation : 15 minutes
Cuisson : 20 minutes

pour 2 personnes

300 g de moules lavées
250 g de praires lavées
2 gousses d'ail légèrement écrasées
2 cuillerées à soupe de vin blanc
250 g de tomates cerise mûres coupées en deux
4 tranches de pain
1 cuillerée à soupe de persil haché
2 cuillerées à soupe d'huile d'olive
sel et poivre

recette

Faites revenir l'ail 5 minutes dans l'huile. Ajoutez les moules, les praires et laissez cuire 4 à 5 minutes, jusqu'à ce qu'elles soient ouvertes. Jetez les moules ou les praires restées fermées. Versez le vin blanc et laissez évaporer 30 secondes. Ajoutez les tomates et faites cuire 10 minutes. Versez 50 ml d'eau bouillante et poursuivez la cuisson 5 minutes supplémentaires, puis retirez l'ail. Salez et poivrez. Pendant ce temps, faites griller le pain quelques minutes. Parsemez la soupe de persil et servez-la avec le pain.

HERBES & MOULES

Préparation : 15 minutes
Cuisson : 20 minutes

pour 2 personnes

500 g de moules lavées
1 gousse d'ail légèrement écrasée
150 g de scarole coupée en lanières
150 g de feuilles de navet grossièrement hachées
125 g de pommes de terre coupées en dés
60 g de pâtes ditalini
50 g de tomates variées mûres
1 cuillerée à soupe de persil finement haché
2 cuillerées à soupe d'huile d'olive
sel et poivre

recette

Faites suer l'ail 2 à 3 minutes dans l'huile. Ajoutez les moules et laissez-les cuire à couvert 4 à 5 minutes, jusqu'à ce qu'elles soient ouvertes. Jetez les moules restées fermées. Retirez les moules avec une écumoire et filtrez le jus dans une autre casserole avec 400 ml d'eau bouillante. Portez à ébullition et faites cuire la scarole, les feuilles de navet et les pommes de terre pendant 10 minutes. Ajoutez les pâtes. Au bout de 8 minutes, versez les moules et les tomates. Poursuivez la cuisson 2 minutes. Salez, poivrez et garnissez de persil.

RISOTTOS & COUSCOUS

Les risottos sont une délicieuse alternative aux pâtes. Qu'il s'agisse du risotto à la piémontaise, simple à préparer, ou du risotto à la milanaise, un peu plus élaboré, vous trouverez une recette pour chaque occasion. Une fois que vous maîtriserez la technique de base, vous pourrez décliner la recette à l'infini.

RISOTTO À LA PIÉMONTAISE

Préparation : 5 minutes
Cuisson : 20 minutes + Repos : 5 minutes

pour 2 personnes

180 g de riz carnaroli ou arborio
1 oignon finement haché
30 ml de vin blanc sec
600 ml de bouillon de légumes chaud
40 g de parmesan râpé
40 g de beurre
poivre

recette

Faites suer l'oignon 5 minutes dans 20 g de beurre. Ajoutez le riz et laissez nacrer 5 minutes en remuant. Versez le vin, mélangez et, lorsqu'il est évaporé, ajoutez 1 louche de bouillon : faites cuire sans cesser de remuer jusqu'à ce qu'il ne reste plus de liquide. Poursuivez la cuisson en ajoutant 1 louche de bouillon à la fois. Lorsque le riz est tendre et crémeux, retirez du feu. Incorporez le beurre restant et le fromage. Couvrez 5 minutes avant de servir. Poivrez.

RISOTTO AUX CÈPES

Préparation : 10 minutes + Trempage : 15 minutes
Cuisson : 25 minutes + Repos : 5 minutes

pour 2 personnes

180 g de riz carnaroli ou arborio
20 g de cèpes séchés
½ oignon finement haché
50 g de cèpes frais hachés
650 ml de bouillon de volaille chaud
30 g de parmesan râpé
quelques brins de persil plat finement hachés
40 g de beurre
sel et poivre

recette

Réhydratez les cèpes séchés 15 minutes. Faites revenir l'oignon 5 minutes dans 20 g de beurre. Ajoutez les cèpes frais et poursuivez la cuisson 3 minutes. Retirez les cèpes de l'eau de trempage et hachez-les. Incorporez-les à la préparation à base d'oignon et de cèpes frais. Mélangez l'eau de trempage avec le bouillon. Faites nacrer le riz 5 minutes en remuant. Versez 1 louche de bouillon et laissez cuire en remuant jusqu'à évaporation. Poursuivez la cuisson en ajoutant 1 louche de bouillon à la fois. Lorsque le riz est tendre et crémeux, salez, poivrez et retirez du feu. Incorporez le beurre restant et le fromage. Couvrez 5 minutes avant de servir. Parsemez de persil.

RISOTTO AU BAROLO & AUX CÈPES

Préparation : 5 minutes
Cuisson : 25 minutes + Repos : 5 minutes

pour 2 personnes

180 g de riz carnaroli ou arborio
1 mini-poireau finement émincé
100 g de cèpes frais émincés
60 ml de vin de Barolo
650 ml de bouillon de bœuf chaud
20 g de parmesan râpé
5 feuilles de basilic finement hachées
40 g de beurre
sel et poivre

recette

Faites suer le poireau 5 minutes dans 20 g de beurre. Ajoutez les champignons et poursuivez la cuisson 5 minutes. Versez le riz et laissez nacrer 5 minutes en remuant. Arrosez de vin, mélangez et, lorsqu'il est évaporé, ajoutez 1 louche de bouillon. Faites cuire sans cesser de remuer jusqu'à ce qu'il ne reste plus de liquide. Poursuivez la cuisson en ajoutant 1 louche de bouillon à la fois. Lorsque le riz est tendre et crémeux, salez, poivrez et retirez du feu. Incorporez le beurre restant et le fromage. Couvrez 5 minutes avant de servir. Parsemez de persil.

RISOTTO AU POTIRON & AU GORGONZOLA

Préparation : 10 minutes
Cuisson : 25 minutes

pour 2 personnes

180 g de riz carnaroli ou arborio
1 oignon finement émincé
300 g de potiron pelé, épépiné et coupé en dés
les feuilles de 1 branche de romarin finement hachées
+ un peu pour garnir
600 ml de bouillon de légumes chaud
70 g de gorgonzola coupé en dés
60 g de beurre
sel et poivre

recette

Faites suer l'oignon 5 minutes dans 20 g de beurre. Ajoutez le potiron, le romarin et laissez cuire avec 1 louche de bouillon. Dans une autre casserole, faites nacrer le riz dans 20 g de beurre. Ajoutez le potiron et poursuivez la cuisson en versant 1 louche de bouillon à la fois, jusqu'à ce que le riz soit tendre et crémeux. Baissez le feu, incorporez le beurre restant et le gorgonzola. Remuez jusqu'à ce que le fromage soit fondu. Salez, poivrez et parsemez de romarin.

RISOTTO AUX ASPERGES

Préparation : 5 minutes
Cuisson : 20 minutes + Repos : 5 minutes

pour 2 personnes

180 g de riz carnaroli ou arborio
1 échalote finement hachée
600 ml de bouillon de légumes chaud
250 g d'asperges vertes émincées, sauf les pointes, laissées entières
60 g de parmesan râpé
40 g de beurre
sel et poivre

recette

Faites suer l'échalote 5 minutes dans 20 g de beurre. Ajoutez le riz et laissez nacrer 5 minutes en remuant. Versez 1 louche de bouillon et les asperges. Faites cuire sans cesser de remuer jusqu'à ce qu'il ne reste plus de liquide. Poursuivez la cuisson en ajoutant 1 louche de bouillon à la fois. Lorsque le riz est tendre et crémeux, retirez du feu. Incorporez le beurre restant et le fromage. Couvrez 5 minutes avant de servir. Salez, poivrez et servez.

RISI E BISI

Préparation : 5 minutes
Cuisson : 20 minutes

pour 2 personnes

180 g de riz carnaroli ou arborio
1 oignon finement haché
15 g de lard coupé en lardons
1 cuillerée à soupe de persil haché
300 g de petits pois frais
600 ml de bouillon de légumes chaud
50 g de parmesan râpé
40 g de beurre
sel et poivre

recette

Faites suer l'oignon 5 minutes dans 20 g de beurre. Ajoutez les lardons, le persil et laissez cuire 2 minutes. Versez ensuite les petits pois, mélangez bien puis arrosez avec le bouillon. Incorporez le riz et poursuivez la cuisson 10 à 15 minutes, en remuant de temps en temps. Salez et poivrez. Retirez du feu, incorporez le beurre restant et le fromage. Le plat doit être plus liquide qu'un risotto.

RISOTTO AUX FRUITS DE MER

Préparation : 5 minutes
Cuisson : 30 minutes

pour 2 personnes

180 g de riz carnaroli ou arborio
1 échalote finement hachée
600 g de fruits de mer variés (moules, praires, seiches, calamars)
500 ml de fumet de poisson chaud
30 ml de vin blanc sec
quelques brins de persil plat haché
4 cuillerées à soupe d'huile d'olive
sel et poivre

recette

Faites suer la moitié de l'échalote 5 minutes dans 2 cuillerées à soupe d'huile. Ajoutez les moules, les praires et le vin. Laissez cuire 5 minutes à couvert, sur feu moyen. Retirez les coquillages, jetez ceux qui sont restés fermés, filtrez le jus de cuisson et mélangez-le avec le fumet. Décortiquez la moitié des moules et des praires. Dans une autre casserole, faites suer la demi-échalote restante 5 minutes dans 2 cuillerées à soupe d'huile. Ajoutez les calamars et les seiches, remuez, puis incorporez le riz et faites nacrer 5 minutes en remuant. Poursuivez la cuisson en versant 1 louche de bouillon à la fois, jusqu'à ce que le riz soit tendre et crémeux. Ajoutez les coquillages cuits quelques minutes avant la fin de la cuisson. Salez, poivrez et parsemez de persil.

RISOTTO AU CITRON & AUX CREVETTES

Préparation : 5 minutes
Cuisson : 20 minutes + Repos : 5 minutes

pour 2 personnes

180 g de riz carnaroli ou arborio
1 échalote finement hachée
30 ml de vin blanc sec
600 ml de bouillon de légumes chaud
8 crevettes crues décortiquées et déveinées
le zeste râpé et le jus de 1 citron
quelques brins de persil plat hachés
40 g de beurre
sel et poivre

recette

Faites suer l'échalote 5 minutes dans 20 g de beurre. Ajoutez le riz et laissez nacrer 5 minutes en remuant. Versez le vin et remuez 1 minute jusqu'à évaporation. Arrosez avec 1 louche de bouillon et faites cuire sans cesser de remuer jusqu'à ce qu'il ne reste plus de liquide. Ajoutez les crevettes et poursuivez la cuisson en versant 1 louche de bouillon à la fois. Lorsque le riz est tendre et crémeux, retirez du feu. Salez et poivrez. Incorporez le beurre restant, le zeste et le jus de citron. Couvrez 5 minutes avant de servir. Parsemez de persil.

RISOTTO À LA MILANAISE

Préparation : 5 minutes
Cuisson : 25 minutes + Repos : 5 minutes

pour 2 personnes

180 g de riz carnaroli ou arborio
½ oignon rouge finement haché
10 g de moelle de bœuf
600 ml de bouillon de bœuf chaud
5 g de safran en filaments
40 g de parmesan râpé
40 g de beurre
sel et poivre

recette

Faites suer l'oignon et la moelle 5 minutes dans 20 g de beurre. Ajoutez le riz et laissez nacrer 5 minutes en remuant. Versez 1 louche de bouillon et mélangez jusqu'à évaporation. Incorporez le safran et poursuivez la cuisson en versant 1 louche de bouillon à la fois. Lorsque le riz est tendre et crémeux, retirez du feu. Salez et poivrez. Incorporez le beurre restant et le fromage. Couvrez 5 minutes avant de servir.

COUSCOUS À LA SICILIENNE

Préparation : 5 minutes
Cuisson : 25 minutes + Repos : 5 minutes

pour 2 personnes

100 g de semoule à couscous
1 oignon finement émincé
200 g de tomates cerise mélangées, coupées en deux
2 filets de dorade coupés en morceaux
300 ml de fumet de poisson chaud
½ cuillerée à café de paprika
30 g d'amandes non mondées, hachées
1 cuillerée à soupe de persil haché
2 cuillerées à soupe d'huile d'olive
sel et poivre

recette

Faites revenir l'oignon et les tomates 5 minutes dans 1 cuillerée à soupe d'huile. Ajoutez le poisson, 1 louche de fumet et poursuivez la cuisson 5 minutes. Incorporez le paprika et les amandes. Laissez cuire 10 minutes. Salez et poivrez. Faites chauffer l'huile restante dans une autre casserole. Jetez-y la semoule, remuez et faites dorer 2 minutes, puis versez 200 ml de fumet. Coupez le feu, couvrez 5 minutes, jusqu'à ce que la semoule absorbe le liquide. Égrainez-la avec une fourchette. Mettez dans un saladier, ajoutez la préparation au poisson et parsemez de persil haché.

COUSCOUS DE POULET & LENTILLES

Préparation : 5 minutes
Cuisson : 10 minutes + Repos : 5 minutes

pour 2 personnes

150 g de semoule à couscous
80 g de lentilles blondes cuites (50 g sèches)
250 g de blancs de poulet sans la peau, coupés en lanières
30 ml de vin blanc sec
le zeste et le jus de 1 citron vert
250 ml de bouillon de volaille chaud
2 cuillerées à soupe d'huile d'olive
sel et poivre

recette

Si vous utilisez des lentilles sèches, faites-les cuire selon les instructions figurant sur l'emballage. Faites revenir le poulet 5 minutes dans l'huile. Versez le vin, le jus de citron vert et laissez cuire 1 minute. Ajoutez les lentilles, la semoule et le bouillon. Couvrez 5 minutes, jusqu'à ce que la semoule absorbe le liquide. Égrainez-la avec une fourchette. Salez, poivrez et parsemez de zeste de citron vert.

COUSCOUS AU POTIRON & AUX POIS CHICHES

Préparation : 10 minutes
Cuisson : 25 minutes + Repos : 5 minutes

pour 2 personnes

100 g de semoule à couscous
125 g de pois chiches cuits (60 g secs)
½ oignon finement haché
155 g de potiron coupé en dés de 1 cm
400 ml de bouillon de légumes chaud
quelques brins de persil plat hachés
3 cuillerées à soupe d'huile d'olive
sel et poivre

recette

Si vous utilisez des pois chiches secs, faites-les cuire selon les instructions figurant sur l'emballage. Faites suer l'oignon 5 minutes dans l'huile. Ajoutez la semoule et laissez dorer 2 minutes en remuant. Versez le bouillon, le potiron et faites cuire 5 minutes. Incorporez les pois chiches et poursuivez la cuisson 5 minutes, en versant de l'eau chaude si nécessaire. Salez et poivrez. Retirez du feu, mélangez, parsemez de persil et laissez reposer 5 minutes avant de servir.

PERLES DE COUSCOUS AUX LÉGUMES

Préparation : 10 minutes
Cuisson : 15 minutes

pour 2 personnes

150 g de perles de couscous (en épiceries exotiques)
1 carotte émincée
2 courgettes (1 verte et 1 jaune) coupées en dés
1 aubergine coupée en dés
1 piment émincé
150 g de tomates cerise mélangées, coupées en deux
quelques feuilles de basilic grossièrement hachées
2 cuillerées à soupe d'huile d'olive + un filet
sel et poivre

recette

Faites cuire les perles de couscous selon les instructions figurant sur l'emballage. Faites revenir la carotte, les courgettes et l'aubergine 5 minutes dans l'huile. Versez 1 louche d'eau bouillante et laissez cuire 5 minutes supplémentaires, jusqu'à ce que les légumes soient cuits mais encore croquants. Salez, poivrez et ajoutez le piment. Lorsque les légumes sont tièdes, incorporez les tomates. Disposez les légumes sur le couscous. Rectifiez l'assaisonnement, arrosez d'huile d'olive et parsemez de basilic.

PLATS MIJOTÉS

La préparation des plats mijotés débute souvent par la confection d'un *soffritto* (mélange d'herbes et de légumes) qui leur apporte une saveur incomparable. Grâce aux recettes qui suivent, à base de viande ou de poisson, vous réaliserez de délicieux plats chauds et conviviaux.

LOTTE À L'ORANGE

Préparation : 5 minutes
Cuisson : 20 minutes

pour 2 personnes

300 g de lotte coupée en morceaux
1 échalote finement émincée
2 cuillerées à soupe de vin blanc
le zeste de 1 orange taillé en fine julienne
le zeste de 1 citron taillé en fine julienne
1 cuillerée à café de gingembre en poudre
1 tomate coupée en dés
quelques brins de persil plat hachés
2 cuillerées à soupe d'huile d'olive
sel et poivre

recette

Faites suer l'échalote 5 minutes dans l'huile. Ajoutez la lotte et faites-la cuire 1 minute de chaque côté. Versez le vin, laissez-le s'évaporer 30 secondes. Ajoutez le gingembre, les zestes d'orange et de citron. Salez et poivrez. Poursuivez la cuisson 10 minutes, en arrosant avec 200 ml d'eau bouillante. Incorporez la tomate et parsemez de persil.

CACCIUCCO

Préparation : 10 minutes
Cuisson : 55 minutes

pour 2 personnes

800 g de fruits de mer variés
(moules, seiches, langoustines et poulpes)
1 gousse d'ail pelée
1 piment rouge émincé
2 cuillerées à soupe de vin blanc
100 g de tomates cerise en boîte
400 ml de fumet de poisson chaud
2 tranches de ciabatta (pain blanc italien à l'huile d'olive)
3 cuillerées à soupe d'huile d'olive
sel et poivre

recette

Faites suer l'ail et le piment 3 minutes dans l'huile. Ajoutez le poulpe et la seiche. Faites cuire 10 minutes en remuant de temps en temps. Versez le vin, laissez-le s'évaporer 30 secondes, puis incorporez les tomates et le fumet. Salez, poivrez et poursuivez la cuisson 30 minutes. Ajoutez les langoustines, les moules et laissez cuire 10 minutes supplémentaires. Servez avec le pain.

THON AU BROCOLI

Préparation : 5 minutes
Cuisson : 20 minutes

pour 2 personnes

300 g de thon coupé en morceaux
200 g de brocoli détaillé en fleurettes
2 mini-poireaux finement émincés
2 cuillerées à soupe de vin blanc
1 branche de thym
3 cuillerées à soupe d'huile d'olive
sel et poivre

recette

Faites suer les poireaux 3 minutes dans 2 cuillerées à soupe d'huile. Versez le vin, laissez-le s'évaporer 30 secondes. Ajoutez le brocoli et poursuivez la cuisson 10 minutes. Dans une autre casserole, faites saisir le thon 3 à 4 minutes dans l'huile restante. Incorporez les légumes et le thym, puis faites cuire 2 minutes supplémentaires. Salez et poivrez.

MIJOTÉ DE CALAMARS

Préparation : 5 minutes
Cuisson : 25 minutes

pour 2 personnes

400 g de calamars vidés et coupés en tranches
1 branche de céleri émincée en biais
1 gousse d'ail pelée
1 piment finement émincé
150 g de tomates cerise mélangées, coupées en deux
35 g d'olives noires
1 cuillerée à soupe de persil finement haché
2 cuillerées à soupe d'huile d'olive
sel et poivre

recette

Faites suer le céleri, l'ail et le piment 5 minutes dans l'huile. Ajoutez les tomates, les olives, les calamars et 200 ml d'eau bouillante. Laissez mijoter 20 minutes. Salez, poivrez et parsemez de persil.

POULET AUX POIVRONS

Préparation : 5 minutes
Cuisson : 40 minutes

pour 2 personnes

4 hauts de cuisse de poulet désossés, sans la peau
1 gousse d'ail pelée
2 cuillerées à soupe de vin blanc
150 g de tomates pelées en boîte, hachées
2 poivrons (1 rouge et 1 jaune) coupés en lamelles
quelques brins de persil plat hachés
farine
3 cuillerées à soupe d'huile d'olive
sel et poivre

recette

Farinez légèrement le poulet. Faites suer l'ail 3 minutes dans l'huile. Ajoutez le poulet. Faites-le légèrement dorer 10 minutes à feu moyen. Versez le vin, laissez-le s'évaporer 30 secondes. Incorporez les tomates et 100 ml d'eau bouillante. Poursuivez la cuisson 5 minutes. Ajoutez les poivrons et laissez mijoter 20 minutes, jusqu'à ce que le poulet soit cuit. Salez, poivrez et parsemez de persil.

POULET AUX PETITS POIS

Préparation : 5 minutes
Cuisson : 25 minutes

pour 2 personnes

300 g de blancs de poulet coupés en dés
100 g de petits pois frais
2 mini-poireaux finement émincés
2 carottes coupées en demi-rondelles
1 branche de céleri finement hachée
2 branches de thym
2 cuillerées à soupe de vin blanc
3 cuillerées à soupe d'huile d'olive
sel et poivre

recette

Faites suer les poireaux 3 minutes dans l'huile. Ajoutez les carottes, les petits pois, le céleri et le thym. Faites cuire 10 minutes. Incorporez le poulet, saisissez-le 2 minutes à feu vif, puis versez le vin et 200 ml d'eau chaude. Couvrez et poursuivez la cuisson 10 minutes. Salez et poivrez.

MIJOTÉ DE VEAU

Préparation : 10 minutes + Réfrigération : 30 minutes
Cuisson : 45 minutes

pour 2 personnes

350 g de veau coupé en dés
le zeste râpé et le jus de 1 citron vert
le zeste râpé et le jus de 1 orange
1 gousse d'ail hachée
quelques brins de persil plat hachés
quelques feuilles de basilic
½ cuillerée à café de graines de cumin
2 cuillerées à soupe d'huile d'olive
sel et poivre

recette

Mettez le veau dans un saladier avec les jus et les zestes des agrumes, l'ail, le persil, le basilic et le cumin. Mélangez bien et placez 30 minutes au réfrigérateur. Filtrez la marinade, réservez-la. Faites revenir le veau quelques minutes dans l'huile à feu vif en remuant. Ajoutez la marinade et 100 ml d'eau bouillante. Laissez cuire 40 minutes. Salez et poivrez.

VEAU AUX LÉGUMES

Préparation : 10 minutes
Cuisson : 50 minutes

pour 2 personnes

350 g de veau coupé en dés
1 oignon rouge émincé
1 branche de céleri émincée
50 g de tomates cerise en boîte
1 carotte coupée en rondelles
2 courgettes coupées en bâtonnets
farine
3 cuillerées à soupe d'huile d'olive
sel et poivre

recette

Farinez légèrement le veau. Faites suer l'oignon et le céleri 5 minutes dans l'huile. Ajoutez le veau et faites-le revenir 2 minutes à feu vif. Incorporez les tomates, les carottes et 100 ml d'eau bouillante. Laissez cuire 20 minutes. Ajoutez les courgettes et poursuivez la cuisson 20 minutes. Salez et poivrez.

VEAU AUX POMMES DE TERRE

Préparation : 10 minutes
Cuisson : 1h10

pour 2 personnes

300 g de veau coupé en cubes
200 g de pommes de terre coupées en cubes
½ oignon finement haché
1 carotte finement hachée
1 branche de céleri finement hachée
2 cuillerées à soupe de vin blanc
1 bouquet garni composé de persil, de romarin, de sauge et de laurier
2 cuillerées à soupe d'huile d'olive
sel et poivre

recette

Faites suer l'oignon, la carotte et le céleri 5 minutes dans l'huile. Ajoutez le veau et faites-le revenir 5 minutes à feu vif. Versez le vin, laissez-le s'évaporer 30 secondes. Ajoutez le bouquet garni et couvrez d'eau à hauteur de la viande. Faites cuire 30 minutes, en rajoutant de l'eau si nécessaire. Incorporez les pommes de terre et poursuivez la cuisson 30 minutes. Salez et poivrez.

BŒUF, ASPERGES & CIBOULE

Préparation : 10 minutes
Cuisson : 1h40

pour 2 personnes

300 g de bœuf à braiser coupé en cubes de 2 cm
3 ciboules émincées
10 asperges vertes émincées en biais
quelques brins de persil plat hachés
3 cuillerées à soupe d'huile d'olive
sel et poivre

recette

Faites suer la ciboule et les asperges 5 minutes dans 1 cuillerée à soupe d'huile. Dans une autre casserole, faites saisir le bœuf 3 à 4 minutes dans l'huile restante, à feu vif. Incorporez la ciboule, remuez, couvrez d'eau chaude et laissez cuire 1h30, en remuant de temps en temps. Ajoutez les asperges et poursuivez la cuisson 5 minutes. Salez, poivrez et parsemez de persil.

BŒUF AU VIN ROUGE

Préparation : 10 minutes
Cuisson : 1h40

pour 2 personnes

400 g de bœuf à braiser coupé en cubes
2 carottes émincées
1 branche de céleri émincée
½ oignon finement haché
100 ml de vin rouge
500 ml de bouillon de bœuf chaud
farine
4 cuillerées à soupe d'huile d'olive
sel et poivre

recette

Farinez légèrement le bœuf. Saisissez-le dans 3 cuillerées à soupe d'huile à feu vif, jusqu'à ce que tous les morceaux soient bien dorés. Réservez. Dans la même casserole, faites suer les carottes, le céleri et l'oignon 5 minutes dans l'huile restante. Ajoutez le bœuf. Versez le vin et laissez-le s'évaporer 1 minute. Incorporez le bouillon, couvrez et laissez mijoter 1h30 à feu doux, en remuant de temps en temps. Salez et poivrez.

OSSO-BUCO À LA MILANAISE

Préparation : 15 minutes
Cuisson : 1h15

pour 2 personnes

2 tranches de jarret de veau avec os de 4 cm d'épaisseur
1 oignon finement haché
100 ml de bouillon de volaille chaud
2 cuillerées à soupe de coulis de tomates
1 portion de gremolada (page 15)
farine
40 g de beurre
sel et poivre

recette

Coupez la membrane extérieure des tranches de jarret à plusieurs endroits à l'aide d'une paire de ciseaux. Farinez chaque tranche. Faites suer l'oignon 10 minutes dans le beurre. Ajoutez les tranches de jarret, faites-les revenir 4 à 5 minutes sur chaque face, à feu vif. Versez le coulis de tomates puis le bouillon, salez, poivrez, couvrez et laissez cuire 1 heure. Au moment de servir, parsemez de gremolada.

LAPIN AU RADICCHIO

Préparation : 10 minutes
Cuisson : 55 minutes

pour 2 personnes

400 g de filets de lapin coupés en morceaux
1 oignon finement émincé
100 g de courge butternut pelée, épépinée et coupée en dés
200 ml de bouillon de légumes chaud
100 g de radicchio (ou, à défaut, de scarole) coupé en quatre puis en dés
3 cuillerées à soupe d'huile d'olive
sel et poivre

recette

Faites suer l'oignon 5 minutes dans l'huile. Ajoutez le lapin et faites-le dorer 6 à 8 minutes. Incorporez la courge et le bouillon, couvrez et laissez cuire 20 minutes. Ajoutez le radicchio, remuez et poursuivez la cuisson 20 minutes. Salez et poivrez.

LAPIN ALLA CACCIATORA

Préparation : 10 minutes
Cuisson : 50 minutes

pour 2 personnes

400 g de filets de lapin coupés en morceaux
1 oignon rouge haché
2 cuillerées à soupe de vin blanc
250 g de tomates pelées en boîte
400 ml de bouillon de légumes chaud
quelques brins de persil plat finement hachés
farine
3 cuillerées à soupe d'huile d'olive
sel et poivre

recette

Faites suer l'oignon 5 minutes dans l'huile. Farinez légèrement le lapin et faites-le dorer dans la casserole 5 minutes à feu vif. Versez le vin, laissez-le s'évaporer 30 secondes. Ajoutez les tomates et faites cuire 40 minutes à feu doux, en versant 1 louche de bouillon à la fois. Salez, poivrez et parsemez de persil.

PORC, POMMES DE TERRE ET OLIVES

Préparation : 10 minutes
Cuisson : 65 minutes

pour 2 personnes

300 g de filet de porc coupé en cubes
1 oignon rouge finement haché
1 carotte finement hachée
1 bouquet garni
2 cuillerées à soupe de vin blanc
2 pommes de terre coupées en cubes de la même taille que le porc
25 g d'olives noires dénoyautées
2 cuillerées à soupe d'huile d'olive
sel et poivre

recette

Faites suer l'oignon et la carotte 3 minutes dans l'huile. Ajoutez le porc et le bouquet garni. Salez et poivrez. Versez le vin et laissez-le s'évaporer 30 secondes. Couvrez d'eau à hauteur. Faites cuire 30 minutes à couvert. Ajoutez les pommes de terre, les olives et poursuivez la cuisson 30 minutes, jusqu'à ce que la viande soit tendre.

DESSERTS

Un repas italien ne saurait se terminer sans un dessert. Ces recettes faciles demandent peu d'efforts pour un résultat spectaculaire. Certains classiques ont été revisités, comme le tiramisu aux framboises & pistaches.

SALADE DE FRUITS

Préparation : 10 minutes
Cuisson : 5 minutes + Repos : 10 minutes

pour 2 personnes

1 pêche coupée en morceaux
2 abricots coupés en morceaux
10 fraises coupées en deux
15 myrtilles
1 kiwi coupé en morceaux
10 cerises dénoyautées et coupées en deux
50 g de sucre en poudre
5 feuilles de menthe
1 cuillerée à soupe de limoncello

recette

Mettez le sucre et 50 ml d'eau dans une casserole. Portez à ébullition à feu doux-moyen et faites cuire 5 minutes. Ajoutez les feuilles de menthe et laissez refroidir. Mélangez le limoncello avec le sirop froid. Mettez les fruits dans un saladier et arrosez de sirop. Laissez reposer 10 minutes avant de servir.

PANNA COTTA & COULIS DE FRUITS ROUGES

Préparation : 5 minutes + Trempage : 5 minutes + Réfrigération : 3 heures
Cuisson : 15 minutes

pour 2 personnes

250 g de fruits rouges mélangés surgelés (framboises, myrtilles, mûres...)
2 feuilles de gélatine
250 ml de crème liquide entière
1 cuillerée à café d'extrait de vanille
90 g de sucre en poudre
le jus de ½ citron

recette

Faites tremper la gélatine 5 minutes dans de l'eau froide. Dans une casserole, portez la crème, la vanille et 30 g de sucre à frémissement, en remuant pour faire fondre le sucre. Retirez du feu. Égouttez la gélatine et dissolvez-la dans la préparation. Versez dans un saladier, couvrez et placez 3 heures au frais. Pendant ce temps, mettez les fruits dans une casserole avec le sucre restant et le jus de citron. Portez à ébullition, baissez le feu et laissez cuire 10 minutes. Pour servir, démoulez la panna cotta et nappez-la de coulis refroidi.

TIRAMISU

Préparation : 15 minutes + Réfrigération : 30 minutes

pour 2 personnes

1 œuf (blanc et jaune séparés) + 1 jaune
30 g de sucre en poudre
50 ml d'expresso chaud
12 boudoirs
125 g de mascarpone
2 cuillerées à soupe de cacao amer en poudre

recette

Blanchissez les jaunes d'œufs et la moitié du sucre avec un batteur électrique. Incorporez le mascarpone. Dans un autre saladier, montez les blancs en neige souple avec le sucre restant. Mélangez délicatement les deux préparations. Versez le café dans une assiette creuse. Trempez-y un tiers des biscuits, un par un, et étalez-les dans un plat. Recouvrez avec un tiers de la crème. Répétez l'opération deux fois. Placez le tiramisu 30 minutes au réfrigérateur. Au moment de servir, saupoudrez-le de cacao.

TIRAMISU AUX FRUITS D'ÉTÉ

Préparation : 15 minutes + Réfrigération : 30 minutes

pour 2 personnes

1 pêche coupée en morceaux
2 abricots coupés en morceaux
10 fraises coupées en deux
1 cuillerée à soupe de vin apéritif type porto blanc
1 œuf (blanc et jaune séparés) + 1 jaune
30 g de sucre en poudre
125 g de mascarpone
9 biscuits amaretti grossièrement émiettés

recette

Mettez les fruits dans un saladier, versez le vin et laissez mariner 30 minutes. Blanchissez les jaunes d'œufs et la moitié du sucre avec un batteur électrique. Incorporez le mascarpone. Dans un autre saladier, montez les blancs en neige souple avec le sucre restant. Mélangez délicatement les deux préparations. Égouttez les fruits et mettez-les dans un joli récipient. Couvrez-les de crème au mascarpone et parsemez de biscuits.

TIRAMISU AUX FRAMBOISES & PISTACHES

Préparation : 15 minutes + Réfrigération : 1 heure

pour 2 personnes

125 g de framboises coupées en deux
50 g de sucre en poudre
8 boudoirs coupés en 4 morceaux
15 ml d'amaretto
1 œuf (blanc et jaune séparés) + 1 jaune
150 g de mascarpone
2 sablés émiettés
50 g de pistaches décortiquées écrasées

recette

Réservez 5 framboises. Écrasez les autres avec 20 g de sucre. Mettez les boudoirs dans un saladier, arrosez-les d'amaretto et recouvrez-les des framboises écrasées. Réfrigérez pendant 30 minutes. Blanchissez les jaunes d'œufs et 15 g de sucre avec un batteur électrique. Incorporez le mascarpone. Dans un autre saladier, montez les blancs en neige souple avec 15 g de sucre. Mélangez délicatement les deux préparations. Couvrez les framboises écrasées de crème et réfrigérez 30 minutes. Au moment de servir, décorez avec les sablés, les framboises réservées et les pistaches.

KAKIS AU YAOURT & À LA RICOTTA

Préparation : 15 minutes

pour 2 personnes

2 kakis mûrs
1 cuillerée à soupe de sucre en poudre
1 cuillerée à café d'extrait de vanille
100 g de ricotta
150 g de yaourt nature entier
1 cuillerée à café de zeste d'orange râpé
50 g de biscuits amaretti émiettés
25 g de pistaches grossièrement hachées

recette

Dans un blender, mixez la chair des kakis avec le sucre et l'extrait de vanille pendant 1 minute. Réservez. Mélangez la ricotta, le yaourt et le zeste d'orange. Mettez les biscuits dans un saladier, couvrez-les de préparation à la ricotta et terminez par les kakis. Décorez avec les pistaches.

MOUSSE AU CHOCOLAT & AUX FRAMBOISES

Préparation : 10 minutes
Cuisson : 4 minutes + Réfrigération : 2 heures

pour 2 personnes

90 g de chocolat noir (70 % de cacao minimum) grossièrement haché
60 ml de lait
25 g de sucre glace
120 ml de crème liquide entière
100 g de framboises

recette

Mettez le chocolat dans un plat résistant à la chaleur. Mélangez le lait et le sucre dans une casserole. Portez à frémissement. Ajoutez le chocolat et amalgamez tous les ingrédients à l'aide d'une cuillère. Réservez. Fouettez la crème en chantilly, incorporez-la à la préparation refroidie. Mettez la mousse dans un saladier, couvrez de film alimentaire et placez 2 heures au réfrigérateur. Au moment de servir, décorez avec les framboises.

GRANITÉ AU CHOCOLAT NOIR

Préparation : 5 minutes
Cuisson : 4 minutes + Congélation : 3 heures

pour 2 personnes

100 g de chocolat noir (70 % de cacao minimum) haché
20 g de cacao amer en poudre
100 ml de crème liquide entière
5 feuilles de menthe finement hachées
1 cuillerée à café d'extrait de vanille

recette

Portez le chocolat, le cacao et 200 ml d'eau à ébullition dans une casserole sans cesser de remuer. Versez dans un moule de 30 x 20 cm. Couvrez et placez au congélateur jusqu'à ce que les bords commencent à durcir. Grattez les cristaux avec une fourchette et ramenez-les au centre. Recommencez toutes les 30 minutes, jusqu'à ce que le granité soit congelé (soit 3 heures environ). Fouettez la crème avec la menthe et l'extrait de vanille. Disposez une quenelle de crème sur le granité.

POMMES AU FOUR

Préparation : 10 minutes
Cuisson : 30 minutes

pour 2 personnes

2 pommes
60 g de fruits secs mélangés (amandes, pistaches, noisettes…) grossièrement hachés
30 g de biscuits amaretti émiettés
½ cuillerée à café de cannelle en poudre
20 g de sucre en poudre
1 cuillerée à soupe de vin apéritif type porto blanc
15 g de beurre doux

recette

Préchauffez le four à 180 °C. Beurrez un plat à four avec 5 g de beurre. Évidez le cœur et coupez le chapeau de chaque pomme. Prélevez la chair des chapeaux. Mélangez-la avec les fruits secs, les biscuits, la cannelle et la moitié du sucre. Remplissez le cœur des pommes avec ce mélange. Disposez les pommes dans le plat, arrosez de vin et saupoudrez avec le sucre restant. Répartissez le reste de beurre en lamelles et enfournez pour 30 minutes.

POIRES AU CHOCOLAT & AUX PISTACHES

Préparation : 10 minutes
Cuisson : 10 minutes

pour 2 personnes

2 poires pelées
50 g de sucre en poudre
le jus de 1 orange
100 g de chocolat noir (70 % de cacao minimum) haché
50 ml de crème liquide entière
50 g de pistaches grossièrement hachées

recette

Mettez les poires dans une casserole avec le sucre et le jus d'orange. Couvrez-les d'eau à hauteur et faites-les cuire 5 à 7 minutes. Mélangez le chocolat et la crème. Versez dans un récipient résistant à la chaleur et faites chauffer au bain-marie jusqu'à ce que le chocolat soit fondu. Trempez les poires dans le chocolat et couvrez de pistaches. Servez.

SBRICIOLATA AUX CERISES

Préparation : 10 minutes
Cuisson : 30 minutes

pour 2 personnes

300 g de cerises dénoyautées et coupées en deux
80 g de beurre doux
200 g de chapelure
80 ml de lait
1 œuf + 1 jaune
60 g de sucre en poudre
le zeste râpé de 1 citron

recette

Préchauffez le four à 160 °C. Beurrez un plat à four avec 20 g de beurre. Faites fondre 60 g de beurre. Mélangez la chapelure, le lait, les œufs, 50 g de sucre, le zeste de citron et le beurre fondu dans un saladier jusqu'à l'obtention d'une pâte qui s'effrite. Placez cette dernière dans le plat beurré et répartissez les cerises. Parsemez du sucre restant et enfournez pour 30 minutes. Servez.

INDEX

REMERCIEMENTS

Je remercie infiniment mon éditrice, Catie Ziller, de m'avoir permis d'écrire ce livre. Un énorme merci à Deirdre Rooney pour ses superbes photos et son soutien sans faille pendant les prises de vues. Un grand merci à Kathy Steer et à Michelle Tilly pour le remarquable travail d'édition et de stylisme. Merci à Jo Davda (www.brickettdavda.com) et Mud (www.mudaustralia.com) pour leurs magnifiques saladiers, assiettes et accessoires. Enfin, je tiens tout particulièrement à remercier ma famille, ma mère et mes beaux-parents, Delia, Matilde et Mario – car même s'ils habitent loin, ils me donnent le sentiment d'être à la maison –, mon mari Salvatore et mes enfants Mario, Andrea et Luca, qui m'ont soutenue avec une grande patience pendant toute la réalisation de cet ouvrage !

Ovrage coréalisé en Grande-Bretagne :

Coordination éditoriale : Catie Ziller

Auteur : Giovanna Torrico

Photographies : Deirdre Rooney

Styliste culinaire : Michelle Tilly

Éditrice : Kathy Steer

Pour la traduction française :

Traduction : Florence Raffy

Préparation des textes : Céline de Quéral

Relecture : Marie-Ève Foutieau

Maquette : Graph'm

PAPIER À BASE DE FIBRES CERTIFIÉES

MARABOUT s'engage pour l'environnement en réduisant l'empreinte carbone de ses livres. Celle de cet exemplaire est de : 1600 g éq. CO_2 Rendez-vous sur www.marabout-durable.fr

58, rue Jean Bleuzen 92178 Vanves Cedex
4068879
ISBN : 978-2-5-01-12067-8
Dépôt légal : mai 2017
Achevé d'imprimer en avril 2017
sur les presses de l'imprimerie Stige en Italie.